PRIMER NIVEL:

APRENDE
SOLFEO
FÁCILMENTE

POR VICTOR M. BARBA

Para obtener acceso al audio, visite:
www.halleonard.com/mylibrary

Enter Code
3223-2305-0620-0185

ISBN 978-0-8256-2734-7

Cover photograph: www.comstock.com
Project editor: Ed Lozano

This book Copyright © 2003 by Amsco Publications,
A Division of Music Sales Corporation, New York

Visitar Hal Leonard en linea a:
www.halleonard.com

Contatenos:
Hal Leonard
7777 West Bluemound Road
Milwaukee, WI 53213
Email: info@halleonard.com

En Europa, contacto:
Hal Leonard Europe Limited
42 Wigmore Street
Marylebone, London, W1U 2RN
Email: info@halleonardeurope.com

En Australia, contacto:
Hal Leonard Australia Pty. Ltd.
4 Lentara Court
Cheltenham, Victoria, 3192 Australia
Email: info@halleonard.com.au

ÍNDICE

INTRODUCCIÓN

MÚSICA FÁCIL... ¡CON ESTE LIBRO ES REALMENTE FÁCIL!

En poco tiempo te darás cuenta de cómo puedes *leer música* fácilmente. Por supuesto no podrás leer toda la música que existe con este libro solamente, pero si sigues este método de *La Célula Musical,* te garantizo que vas a aprender a leer y escribir música.

En este libro aprenderás los ritmos mas comunes y las notas más sencillas de leer, la clave de Sol y algunos otros símbolos musicales. Descubrirás que cuando termines el libro serás capaz de leer muchos otros libros de música y partituras con mucha facilidad.

No trates de hacer todo el libro en seguida. Estudia primero y practica muchas veces cada uno de los ejercicios de solfeo antes de pasar al siguiente. Debes estar completamente seguro y convencido de que dominas el ejercicio de solfeo antes de pasar al próximo. Es necesario entender bien los ejercicios de solfeo y no simplemente repetir para conseguir estos conocimientos musicales.

Primero haz los ejercicios con la voz y después usa el instrumento musical que prefieras. La música tiene que ser divertida, y por eso lo es también este libro. La célula musical es una manera divertida de aprender solfeo para personas con pocos conocimientos musicales. Con este libro, pronto aprenderás a leer música.

Ojalá disfrutes tanto con este libro, como yo disfruté al escribirlo.

CÓMO USAR EL AUDIO

El audio incluye todos los ejercicios de solfeo completos. Aprender solfeo es la base para leer música. Estudiar solfeo es como estudiar el abecedario, es la base de la música, así que estudia cada uno de los ejercicios de solfeo hasta que lo puedas hacer muy bien. El audio de solfeo incluye el sonido *click*, así como la voz. Escucharás una voz que cante el nombre de las notas al mismo tiempo que el ritmo. Debes repetir lo que dice la voz. Si sientes alguna duda al decirlo o te equivocas al decir alguna nota, entonces repítelo otra vez hasta que te salga de principio a fin, sin equivocarte. Trata de hacerlo al menos tres veces seguidas. Te darás cuenta que poco a poco vas a sentir el tiempo, el ritmo y vas a aprender las notas a la perfección.

 Por ejemplo, ésta es la canción numero 4, y es el tema musical número 4 del audio. Es muy fácil, al igual que toda la música de este libro.

¿Te felicito por querer aprender música. Practica mucho y aprenderás?

CAPÍTULO I

La música es muy fácil de leer, y lo vamos a comprobar. *La música dura una cantidad de tiempo determinada.*

Imagínate una línea como ésta que representara una cantidad de tiempo determinada:

La música empieza aquí…_____… y termina aquí

Esta distancia puede ser de 30 segundos, (como la duración de la mayoría de los anuncios publicitarios de televisión) o de 3 minutos (como algunas de las canciones de radio) o de 1 hora, (como los conciertos en directo de una obra musical). Al empezar a tocar la música, comienza a contar el tiempo.

La mayoría de la música popular, está escrita en un compás de 4/4, quiere decir que se cuenta 1 2 3 4, 1 2 3 4, 1 2 3 4, y así se sigue hasta el final de la canción, contando 1 2 3 4. Cada 4 tiempos (cada número es un tiempo) se divide con una línea.

Otro detalle importante es que la música se tiene que escribir en un *pentagrama* que son las famosas 5 líneas y 4 espacios que seguramente ya habrás visto. La música no se escribe como las letras sobre un papel en blanco, se escribe en el pentagrama.

Esto parecen jeroglíficos ¿verdad? No te preocupes, cuando termines este libro podrás volver a esta página y te garantizo que vas a entender a todo lo que esta aquí, vas a saber para que sirve cada uno de los dibujos y puntos y rayas de esta página.

Si quieres empezar ya pasa a la siguiente página y comienza a aprender a leer música.

¡Te felicito por tomar la decision de aprender música!

NOTAS

La música se escribe con *notas*, que son las bolitas y palitos que has visto muchas veces. En este libro vas a aprender para qué sirven las notas y cómo usarlas.

Las notas representan sonidos. Cuando ves una nota, representa un sonido. Si ves 5 notas, son 5 sonidos, y así sucesivamente. El sonido puede ser igual o diferente. Si la nota está en la misma rayita o en el mismo espacio entonces el sonido es *igual*. Si las notas van subiendo, por ejemplo una en cada línea del pentagrama, entonces cada sonido es *diferente*.

Además de sonidos *iguales* y *diferentes*. Hay sonidos *graves*, (o notas graves) como los que hace el bajo o la tuba. También hay sonidos (o notas) *agudas*, como las del violín, la flauta o la trompeta.

Existen también los sonidos *cortos* (que sólo duran poquito tiempo) o sonidos *largos* (que duran muuuuuuuuucho tiempo). Por eso el *tiempo* en la música es lo principal, si no existiera el tiempo, no se podría tocar música.

Las *notas* pueden ser *iguales* o diferentes, *altas* o *bajas*, *cortas* o *largas*.

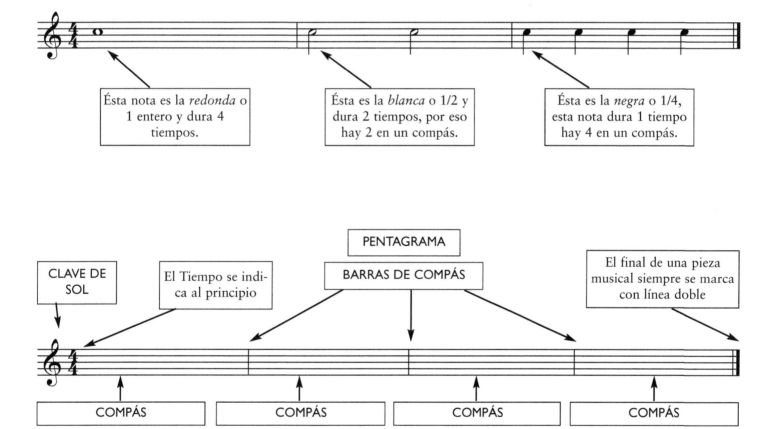

5 Líneas  4 Espacios

En el compás de 4/4 hay 4 notas de 1 tiempo cada una. Se usa para baladas, boleros, y la mayor parte de la música. Es el compás más común.

En el compás de 3/4 sólo hay 3 notas y se usa para las rancheras, o vals, o música norteña de 3/4. Este compás también es muy común.

En el compás de 2/4 sólo hay dos notas. Se usa para la cumbia y música de corridos o ranchera. También se usa mucho.

Ésta es la primera *célula musical* que vamos a aprender:

Célula I

Como dijimos anteriormente, la música se escribe en un pentagrama y así poder reconocer qué nota es. De igual forma, se escribe la clave para identificar la nota. Vamos a comenzar con la *clave de SOL*.

Ésta es la clave de SOL 𝄞

Se pone al principio del pentagrama para poder reconocer las notas.

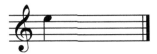

Como indicamos anteriormente la mayoría de la música se escribe en 4/4. Vamos a comenzar con 4/4.

Primero se pone:

La Clave (En este caso comenzamos con el tiempo y la clave de SOL)

El Compás (En inglés se le llama *time signature*, que indica la duración de cada sección de música)

Las Notas (En este caso hay una sola nota.)

Ahora ya podemos saber qué nota es, cuánto tiempo dura y cuáles son las cosas más importantes para leer música.

1. ¿Qué nota es?

2. ¿Cuánto tiempo dura?

3. ¿Cómo se toca? (Esto lo sabrás cuando estudies algún instrumento)

Esto es todo lo necesario para leer música y poderla tocar.

¿Qué nota es?

Fíjate que la nota está en medio de la cuarta y quinta línea del pentagrama. Está en un espacio en medio de las dos líneas. Para ser exactos está en el cuarto espacio, por tal motivo esta nota es MI. Sabemos que es MI, por el lugar que la nota ocupa en el pentagrama.

¿Cuánto tiempo dura?

Como la forma de la nota es una bolita negrita con un palito, entonces eso indica que dura 1 tiempo. Fíjate que el palito (su nombre correcto es: plica) esta para abajo, algunas veces vas a ver la plica para arriba, por ahora eso no es importante. Más adelante aprenderás la diferencia, por lo pronto solo fíjate en la bolita. Sabemos que dura 1 tiempo por la forma de la nota.

¿Cómo se toca?

Como este libro es el primer nivel para que aprendas a *leer* música, simplemente vas a *leer* con la voz. Esto quiere decir que vas a decir el nombre de la nota y lo haces con una duración de 1 tiempo.

Para marcar el tiempo te recomiendo que des unas palmadas sobre algo duro, haciendo un sonido para marcar el tiempo. Hazlo igual y despacio, que cada golpe sea lento y parejo.

Más adelante puede que quieras tocar música en un instrumento. Recuerda que la voz puede ser también un instrumento.

Se dice Miiiiiiiii.

Alarga el sonido y manténlo durante un tiempo.

Si hubiera dos notas cada una de ellas se debe de decir y tocar, Cada una es Mi y dura 1 tiempo. Se dice así:

Si hay 3 notas es la misma cosa, sólo que se dice 3 veces. Se dice así:

No importa las notas que haya, por ejemplo aquí tenemos 4 notas en donde cada una es Mi y dura 1 tiempo.

Aquí ya tenemos 8 notas. Cada compás tiene 4 notas y por eso dividimos 4 de un lado y 4 de otro con una barrita en medio. Cada espacio en medio de las barritas se le llama *compás*. En este ejemplo hay 2 compases.

¿Qué es un compás?

Es la distancia que hay entre las barras de compás.

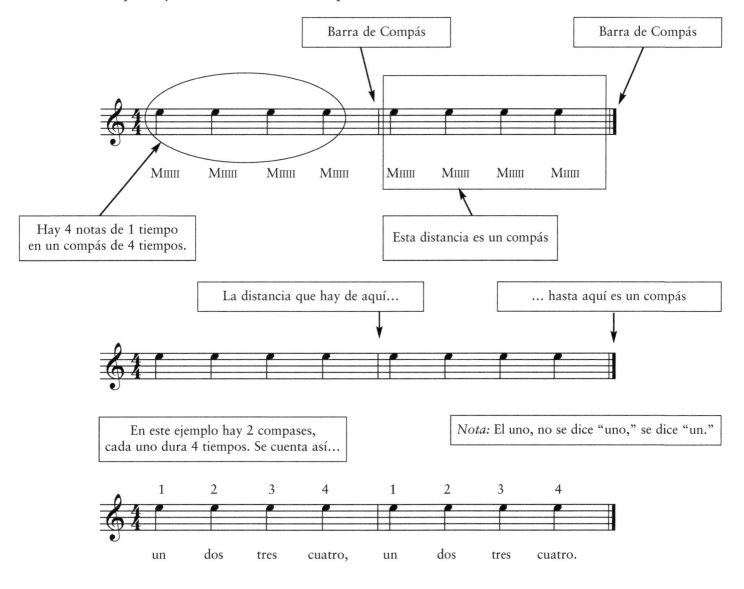

Barra de Compás

Barra de Compás

Hay 4 notas de 1 tiempo en un compás de 4 tiempos.

Esta distancia es un compás

La distancia que hay de aquí...

... hasta aquí es un compás

En este ejemplo hay 2 compases, cada uno dura 4 tiempos. Se cuenta así...

Nota: El uno, no se dice "uno," se dice "un."

1 2 3 4 1 2 3 4

un   dos   tres   cuatro,   un   dos   tres   cuatro.

⭐ SOLFEO I

Me imagino que con toda esta explicación, ya podrás leer esta música. Estoy seguro que no te va a resultar difícil. Recuerda decirlo y leerlo en voz alta sin miedo y con seguridad... Escúchalo en el CD para que sepas exactamente como se debe de leer. Mɪɪɪɪ Mɪɪɪɪ Mɪɪɪɪ Mɪɪɪɪ, *etc.*

Imagínate si toda la música fuera así, de una sola nota y de un solo tiempo. ¡Qué barbaridad! Sería realmente muy aburrido. Por eso vamos a usar nuevos ritmos y notas, es decir, agregar más células.

Nota: Si puedes comprar un metrónomo para marcar el tiempo te va a ayudar mucho. El metrónomo es una aparato que sirve para medir el tiempo. Si estudias ahora algún instrumento, trata de tocar todos los ejercicios de solfeo en el instrumento. Por supuesto practica todos los días, por lo menos un ejercicio de solfeo diario.

Mucha gente al leer Mɪ, la nota de 1 tiempo, lee Mɪ corto en lugar de Mɪɪɪɪɪ larguito.

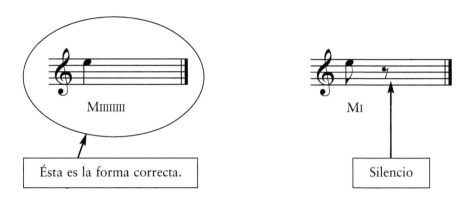

Ésta es la forma correcta.

Mɪ

Silencio

Fíjate la diferencia entre uno y otro.

Mɪɪɪɪ   Mɪɪɪɪ   Mɪɪɪɪ   Mɪɪɪɪ

En este ejemplo no hay silencio, cada nota dura 1 tiempo completo. Como en el ejercicio de solfeo que acabas de hacer.

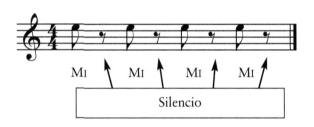

Mɪ   Mɪ   Mɪ   Mɪ

Silencio

En este ejemplo sí hay silencio: es una nota, un silencio, una nota, un silencio y así sucesivamente.

Así se forma una nueva célula. Una nota de 1/2 tiempo (corchea) y el otro 1/2 tiempo es *un silencio de corchea.*

Célula 2

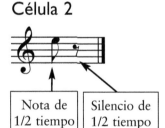

Nota de 1/2 tiempo | Silencio de 1/2 tiempo

Con estas dos células ya la música se puede variar más. Éstas son algunas de las variaciones que se pueden hacer.

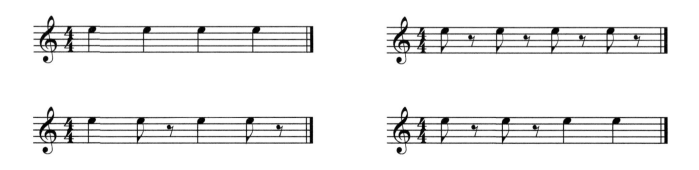

Éstas son sólo algunas variaciones, pero hay muchas más. Si tienes un cuaderno pautado (que es muy recomendable) trata de escribir y por supuesto practicar todas las variantes posibles con estas dos *células*.

⭐ SOLFEO 2

Aquí tienes un nuevo ejercicio de solfeo. Claro, éste ya combina dos células y ya puedes hacer mas ritmos diferentes. Todavía es bastante monótono, pero no te preocupes que esto es sólo el principio. Tócalo en tu instrumento y dilo seguro de lo que estas leyendo y sin dudar.

Muy bien, ahora vamos a conocer una nueva célula, es un silencio de 1 tiempo.

Este es el silencio de 1 tiempo (*silencio de negra*). Recuerda que la música también tiene silencios que afectan el tiempo.

Célula 3

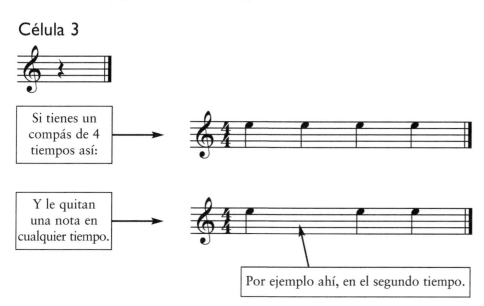

Quedan solo 3 notas, pero faltaría una más. Recuerda que si el compás es de 4/4, ocupa 4 notas, o 4 tiempos. Si solo hay 3 notas, entonces el otro tiempo se substituye por un silencio, de esta manera:

Ya conoces 3 células. Las posibilidades de combinar estas tres células son muchas más que las anteriores. Se muestran solamente algunos ejemplos antes de tocar el siguiente ejercicio de solfeo.

Estoy seguro, que si de verdad quieres aprender a leer música, vas a escribir en un cuaderno pautado varias formas de combinar estas tres células. Así es cómo se lee música, fácil ¿verdad?

⑨ SOLFEO 3

Seguro que ya puedes hacer este ejercicio de solfeo. Ya tienes tres células. Aquí se presentan variaciones de esas tres células. Éstos son 8 compases con las tres células. Por supuesto que hay muchas más posibles combinaciones.

Éstas son las tres células que conoces hasta ahora.

Célula 1

Célula 2

Célula 3

También hay notas de mayor duración. Vamos a conocer una de las de mayor duración. Es una nota redonda, sin palito ni rellena ni nada. Simplemente es una bolita. Esa nota vale 4 tiempos: *te presentamos... la redonda.*

Esta nota vale 4 tiempos. Es la nota más larga en la música contemporánea.

Célula 4

A veces en un compás de 4/4 hay que tocar notas largas en lugar de notas cortas. En ese caso se usa la nota redonda, que como ya dijimos vale 4 tiempos.

Por ejemplo: Si yo tengo este compás y hay 4 notas se dice así

Mıııııı   Mıııııı   Mıııııı   Mıııııı

Pero esta nota sola vale lo mismo que las otras 4, pero se dice todo seguido

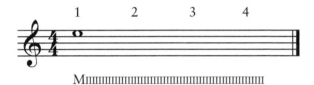

Mıı

Los 4 tiempos se cuentan igual, pero en lugar de decir 4 notas (o 4 sonidos) se dice *una sola nota, y se mantiene el mismo sonido durante 4 tiempos.* Trata de leer esto y practica para el siguiente ejercicio de solfeo.

¿Ves qué fácil es leer música? ¿Opina?

4 SOLFEO 4

Trata de hacer este ejercicio de solfeo. Fíjate bien en las notas largas que duran los 4 tiempos completos. También se repasan las otras células en este ejercicio de solfeo.

El compás de música tiene que estar completo, ya sea de notas o de silencios. De modo que si no hay notas en un compás, ese compás se debe llenar con un silencio del mismo valor. Así como hay silencios de:

Corchea (𝄾), hay también silencios de negra (𝄽) o de 1 tiempo

También hay silencios de 4 tiempos. Ésa es nuestra próxima célula.

Esta barrita puesta debajo de la cuarta línea o colgada por la cabeza vale 4 tiempos, igual que la redonda, pero en lugar de sonido, es un *silencio de redonda*.

Célula 5

![SOLFEO 5]

Una cosa importante, fíjate que el silencio se pone en medio del compás y la nota redonda se pone al principio del compás.

Aquí están las 5 células que ya debes de conocer perfectamente bien. Busca en algunos libros de música y trata de reconocerlas.

La mayoría de las veces cuando hay 2 corcheas juntas, se les coloca una rayita abajo para unirlas. Así son más fáciles de leer.

Célula 6

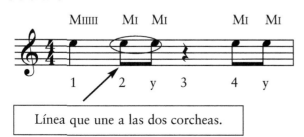

Línea que une a las dos corcheas.

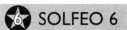

SOLFEO 6

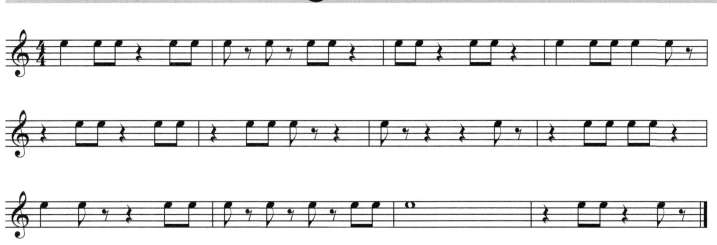

La música se lee por compases y, aunque parezca fácil, hay combinaciones que son un poco más latosas. Fíjate como voy a poner 4 compases para luego cambiarlos de lugar. Observa cómo cambia el ritmo.

Éstas son sólo algunas variaciones. Puedes tratar de crear tus propias combinaciones y te vas a dar cuenta cómo cambia la música.

Cuando hay varias corcheas seguidas, como por ejemplo así:

Una de las mejores formas de escribirlas es uniendo las líneas cada 4 notas, así:

Se puede leer más fácil y claramente. Además, la mayor parte de las veces vas a ver la música escrita así.

Recuerda que no porque estén divididas las notas de dos en dos o de cuatro en cuatro, hay que hacer una pausa. ¡No! El ritmo debe de ser parejo, porque las notas duran el mismo tiempo cada una. Recuerda hacer el ritmo parejo siempre.

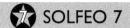

SOLFEO 7

SOLFEO 8

Fíjate la diferencia entre los dos ejercicios de solfeo. observa que son las mismas células, pero sólo cambia el orden y la posición en el compás. A veces las 4 corcheas empiezan en el primer tiempo del compás o, a veces, en el tercer tiempo. Si es así el resto del compás se debe de "llenar" con más notas. Si el compás es de 4/4, entonces siempre tiene que tener 4 tiempos. Te sugiero que repases bien todos los ejercicios de solfeo anteriores, porque ahora vamos a incluir una nota nueva.

¿Qué nota es?

Si te fijas, esta nota es RE, porque esta en la cuarta línea del pentagrama.
Dura 1 tiempo, porque es la bolita rellena con un palito (o plica).

La forma de conocer las notas es ver el lugar que ocupan en el pentagrama.

También puedes tener un RE, de 4 tiempos como este:

O un RE de dos tiempos como este:

O de un octavo como este:

> Varios de estos ritmos los vamos a ver más adelante en forma de células nuevas. Los pongo aquí para que tengas una idea de como hay variedad de ritmos. Aun cuando la nota es la misma, lo que cambia es el tiempo que dura cada nota. El ritmo de corchea ya lo debes de saber bien, igual que el de 1 tiempo. Y el de 4 tiempos.

Una cosa que debes de saber es que si te fijas en la bolita es más fácil saber qué nota es. El palito es importante pero la bolita es más importante.
Ahora vamos a ver el ritmo que falta, una célula nueva y una nota nueva.

Esta nota vale 2 tiempos. Se llama *blanca* porque la bolita no está rellena, si no que es blanca.

Es un *MI de 2 tiempos*

Célula 7

Si existe una nota que vale 2 tiempos, también debe existir el *silencio* de 2 tiempos o *silencio de blanca*. Se representa con esta barrita por encima de la tercera línea.

Célula 8

Antes de ir al siguiente ejercicio de solfeo, vamos a repasar todas las células y notas que ya conoces. Hemos visto 8 células y 2 notas.

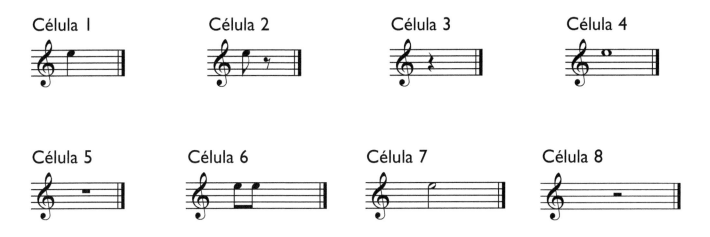

Célula 1　　Célula 2　　Célula 3　　Célula 4

Célula 5　　Célula 6　　Célula 7　　Célula 8

2 Notas

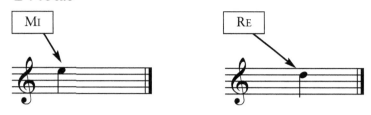

Signos de Repetición

Si yo escribo esta música así, son 2 compases con lo mismo en cada compás.

Es común en la música usar símbolos para repetir algún trozo de música. Lo escribo así y me ahorro tener que escribir el mismo compás.

Signo de Repetición

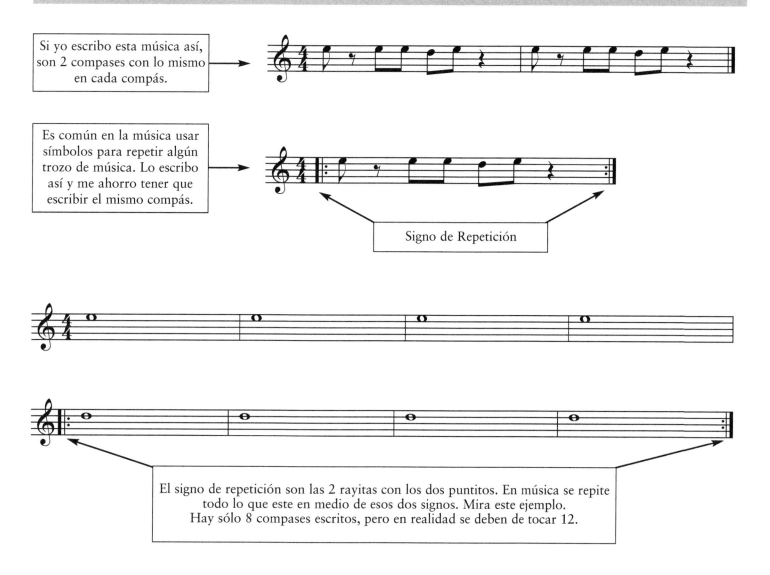

El signo de repetición son las 2 rayitas con los dos puntitos. En música se repite todo lo que este en medio de esos dos signos. Mira este ejemplo.
Hay sólo 8 compases escritos, pero en realidad se deben de tocar 12.

Los compases que se deben repetir en este ejemplo son los que tienen la nota de RE, porque son los compases que están en medio de los dos signos. Fíjate que aquí ya no tengo que usar los signos de repetición porque ya escribí toda la música.

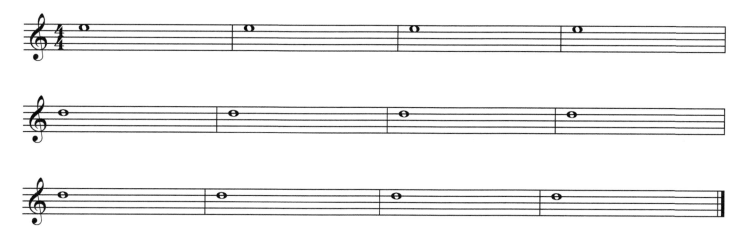

RITMO

En alguna parte te he hablado del ritmo. ¿Qué es ritmo? ¿Cómo se forma? ¿Para qué sirve?. El *ritmo* es un patrón musical formado por una serie de notas de diferente duración e intensidad. El ritmo también en ocasiones hace una repetición de un sonido exactamente igual.

Quiere decir que haces un sonido, o un compás de música, por ejemplo este:

Fíjate cómo tiene los signos de repetición. Quiere decir que sólo se repite una vez más, o sea, que tocarías dos veces lo mismo. Pero para formar un ritmo, hay que tocar varias veces la misma música y establecer un patrón. Entonces si repites el mismo compás muchas veces de forma pareja, vas a sentir como se empieza a escuchar el ritmo por sí solo.

Trata de leer todos estos ejercicios de solfeo y tócalos en tu instrumento favorito. Repítelos muchas veces para sentir lo que es el ritmo.

El ritmo se siente con todo el cuerpo. La música bailable como la salsa, la cumbia, y el merengue tiene mucho ritmo. Es decir estos son tipos de música rítmica. Poco a poco vas a distinguir diferentes estilos de música. Practica estos ritmos y señala cuál te gusta más.

Éstos son sólo algunos ejemplos de células diferentes. ¿Te imaginas la variedad de música que se puede hacer?

Recuerda que el nombre de la nota lo da el lugar en donde está, y no la forma que tiene la nota. En este caso es Do, porque está en el tercer espacio, en medio de la tercera y cuarta línea.

¿Qué nota es?

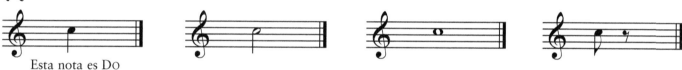

Esta nota es Do

Con estas 3 notas y con las 8 células que conoces, se pueden formar algunas melodías muy, muy simples. Leer solfeo es leer la música tal y como está escrita. Si lees la música y la tocas como está, vas a poder tocar estas canciones. Vas a ver que fácil y divertido es.

12 SOLFEO 12

24

Recuerda que lo que cuenta de la nota es la bolita. El palito es importante, pero más a delante vas a saber por qué.

Fíjate en estos ejemplos. Observa la dirección del palito.

Estas 4 notas son: MI-FA-LA-SOL. Si el palito estuviera para abajo, quedaría afuera del pentagrama.

Sin embargo, aquí se ve mejor la música porque los palitos están "dentro" del pentagrama. Recuerda que las notas siguen siendo las mismas: MI-FA-LA-SOL.

MIS PRIMEROS PININOS

Este ejercicio de solfeo no está en el CD. Se muestra para que trates de leerlo por tu cuenta sin copiar. Trata de hacerlos leyendo las notas una por una y entendiendo muy bien lo que estás leyendo.

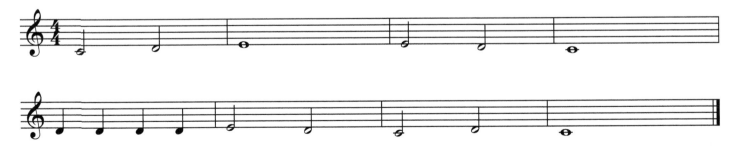

Esta canción es la primera que vas a encontrar en *Primer nivel: Aprende teclado fácilmente*, de esta serie. Con los conocimientos que tienes ya puedes tocar algunas canciones.

¿Qué nota es?

Esta nota es Si

Con las células que ya conoces, se puede hacer mucha música. Lo único que se necesita son notas, por eso te mostramos una nota nueva.

Esta nota está en la tercera línea y es Si. Siempre que veas una nota en la tercera línea va a ser Si, no importa el tiempo que dure, puede ser de 2 tiempos o de 4 tiempos, lo que importa es que esté en la tercera línea de la clave de Sol. Apréndetela muy bien.

Ya conoces 4 notas: Mi-Re-Do-Si

¡Mira la música que puedes leer con sólo estas 4 notas y unas poquitas células!

Te sugiero que trates de leer música de otros libros, si ves notas o ritmos parecidos a estos trata de leerlos. La única forma de leer música es practicando. ¡Fíjate qué interesante se pone la cosa!

¡Practica... practica... practica!

¿Qué nota es?

Esta nota es LA

Una nota nueva. LA.

Cada vez aprendes más. Fíjate que esta nota tiene el palito para arriba. Vale lo mismo que las otras negras, vale 1 tiempo. Como vimos en la página 24, el palito para arriba es sólo para que no se salga tanto del pentagrama.

De momento recuerda que esta negra vale 1 tiempo y está en el segundo espacio. No te confundas con las notas, son fáciles de aprender y cada una tiene su lugar en la música. Recuerda debes estudiar y practicar.

🌟 16 SOLFEO 16

Si notas que te cuesta un poco de trabajo leer este tipo de música, te recomiendo volver atrás para repasar los ejercicios de solfeo que ya leíste y volverlos a hacer. Practica leyendo música en otros libros y trata de leer en voz alta todas las notas. A veces la lengua se te traba, o sea, se te revuelven las notas. Recuerda que la única forma de evitar eso es hacerlo una y otra vez, así que:

¡Practica… practica… practica!

🌟 17 SOLFEO 17

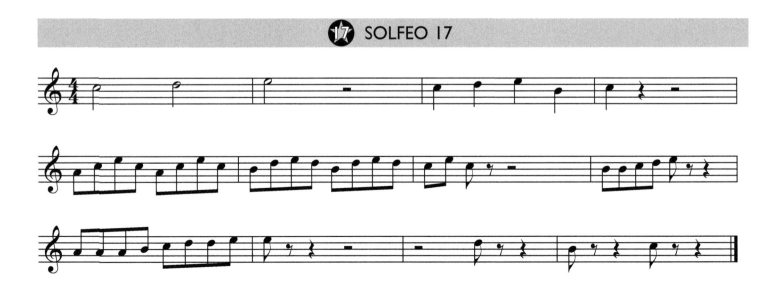

¿Qué nota es?

Esta nota es SOL

Otra nota más...

Ya debes de saber perfectamente bien las notas

MI-RE-DO-SI-LA-SOL

Como me supongo que al mismo tiempo estás estudiando el libro de instrumento de esta misma serie, entonces ya sabes algunas otras notas más que aparecen abajo. De esta manera se complementa muy bien el estudio. En muy poco tiempo ya sabes leer música y no es tan difícil, ¿verdad?

18 SOLFEO 18

Te sugiero que repases todo lo que hemos visto hasta ahora muy bien porque ya vamos a comenzar con más células, más ritmos y más notas. Ya pasaste la primera parte de solfeo sencillo, ahora viene una parte todavía más interesante, así que:

¡Practica... practica... practica!

Estos dos ejercicios de solfeo son totalmente diferentes uno del otro. Fíjate como uno tiene *muchas* notas y el otro tiene *pocas* notas. Al leerlo y tocarlo te vas a dar cuenta que cuantas más notas tenga, más sonido hay y cuantas menos notas tenga menos sonido hay. Esa es una manera de ir relacionando la música a simple vista. En realidad ésa es la idea del solfeo; que aprendas a leer a simple vista. De la misma forma que lees las letras de esta página, así de fácil debe ser leer música.

19 SOLFEO 19

EXAMEN A

20 SOLFEO 20

EXAMEN B

Si lograste pasar todos estos ejercicios de solfeo del 1 al 20, te felicito.

¡Vamos adelante al segundo capitulo!

CAPÍTULO 2

¡Felicidades...!

Hasta ahora sólo conoces 8 células:

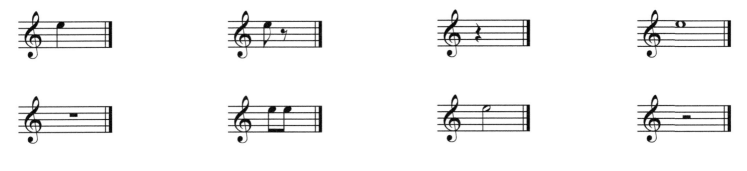

Y 6 notas:

SOL   LA   SI   DO   RE   MI

Con eso has podido hacer mucha música pero te falta más, así que aquí lo tienes: un compás nuevo; el compás de 3/4.

Este compás indica que solo hay 3 notas de 1 tiempo en cada compás. Quiere decir que una nota que dure 4 tiempos no cabe en el compás.

Ejemplo de música en 3/4

Como esta nota vale 2 tiempos

Solo hace falta 1 tiempo más para llenar el compás.

Uno   Dos   Tres

Fíjate como cuando hay varias corcheas, normalmente no se agrupan de cuatro en cuatro, como en el compás de 4/4

De aquí sale una nueva célula, las notas con puntillo. Fíjate como la nota de 2 tiempos tiene un puntito chiquito siguiendo la nota. Ese puntillo es parte de la escritura musical, y es muy importante.

El puntillo en la música aumenta el valor de la nota la mitad de lo que vale.
Si la nota dura 2 tiempos. Una nota de 2 tiempos con puntillo, vale 3 tiempos.

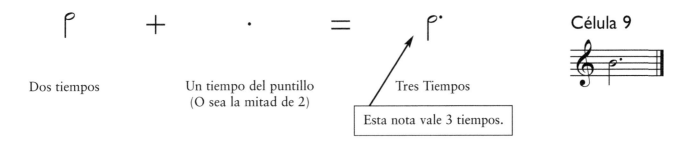

Dos tiempos

Un tiempo del puntillo (O sea la mitad de 2)

Tres Tiempos

Esta nota vale 3 tiempos.

Célula 9

21 SOLFEO 21

Cuenta bien la nota con puntillo de 3 tiempos.

22 SOLFEO 22

Fíjate en una cosa importante. En este caso el silencio es de 4 tiempos ¿verdad?, pero el compás dura solo 3 tiempos. Entonces quiere decir que sobra un tiempo. En la música se acostumbra poner este silencio para todo el compás, el valor es de 4 tiempos pero como en este caso el compás dura sólo 3 tiempos, entonces el silencio también se usa para 3 tiempos. Entonces cuando veas ese silencio significa que vale 4 tiempos en el compás de 4/4 y vale 3 tiempos en el compás de 3/4. La idea es que sea silencio completo de todo el compas.

¿Qué nota es?

Esta nota es Fa

Aquí tienes una nota más. La nota Fa.

Ya tenemos las principales notas y las más usadas. ¿Ves cómo poco a poco se pueden aprender todas las notas?

Trata de no escribir el nombre de las notas debajo de cada nota. Es mejor ver la nota directamente. Fíjate en la bolita, que es lo que indica su nombre y no te fijes en donde termina el palito.

Estoy seguro que con práctica lo vas a lograr.

En el compás de 4/4, también se puede usar la nota de 3 tiempos, o *blanca con puntillo*. Fíjate en el compás 8 y en el compás 10 de este ejercicio de solfeo.

De aquí sale una nueva célula. Las notas con *ligadura*.

La *ligadura* es la línea curva que va sobre las notas. Lo que esta línea hace es parecido al puntillo—*alarga las notas.*

La ligadura alarga el sonido de las notas.

Si se une una nota de 2 tiempos con una nota de 1 tiempo, el valor real de la primera nota es de 3 tiempos.

Célula 10

Esta nota dura 5 tiempos.

Esta nota también dura 6 tiempos.

La ligadura con puntillo. Esto también es común.

Algunas veces la ligadura se estira al siguiente compás, como en este caso, y se pone el principio de la ligadura.

No todos los ejercicios de solfeo van a durar igual, algunos van a ser más largos o más cortos, igual que una canción. Algunas canciones duran más que otras. Para que te vayas acostumbrando aquí tienes un ejercicio de solfeo un poco más largo ¿de acuerdo?

24 SOLFEO 24

¿Qué nota es?

Esta nota es Mɪ

Este Mɪ está en la primera línea y es diferente al Mɪ que has estado leyendo en el cuarto espacio. Los dos se leen Mɪ, pero al tocarlos en algún instrumento o cantarlos con la voz, el Mɪ del cuarto espacio es más alto que este Mɪ de la primera línea. Entre los dos hay un octava de distancia, o sea 8 notas de una a otra: Mɪ-Rᴇ-Dᴏ-Sɪ-Lᴀ-Sᴏʟ-Fᴀ-Mɪ.

25 SOLFEO 25

Una nota más, la nota Rᴇ. Ya vas a tener la mayoría de las notas que necesitas para leer música a un nivel popular. Espero que estés practicando constantemente y que vayas entendiendo perfectamente bien al solfeo. ¿Te das cuenta de lo fácil que es leer música?

¿Qué nota es?

Esta nota es Rᴇ

Lo mismo que de Mɪ a Mɪ hay una octava de distancia, también hay una octava de Rᴇ a Rᴇ. Como puedes ver, las notas son las mismas, sólo se repiten en diferentes octavas, o sea unas mas altas y otras mas bajas.

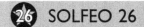

¿Qué nota es?

Esta nota es Do

Esta nota es Do central, es una nota muy fácil de aprender y de tocar.

Fíjate que en Solfeo 27 hay pedazos de canciones conocidas como *Twinkle Twinkle Little Star* y la de *Mary Had a Little Lamb*. Toca simplemente las notas que son, en el tiempo que se indica y la música se escucha automáticamente. Eso es leer música y toda la música funciona igual, por eso es *Primer nivel: aprende facílmente*.

Ya conoces 10 células y, por supuesto, las combinaciones posibles de todas ellas. (Bueno al menos pienso que debes de conocerlas, por que de no ser así debes repasar más).

Este es un repaso general de las 10 células que conoces.

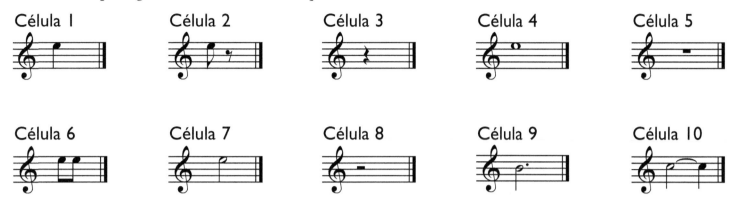

Célula 1   Célula 2   Célula 3   Célula 4   Célula 5

Célula 6   Célula 7   Célula 8   Célula 9   Célula 10

Y 10 notas:

DO   RE   MI   FA   SOL   LA   SI   DO   RE   MI

Ya con esto, puedes leer y tocar cientos de canciones, algunas de ellas son muy populares como *Twinkle Twinkle Little Star, Old McDonald's Farm, Jingle Bells, Long, Long Ago, This Old Man,* entre otras. Por supuesto que la música no es todo el tiempo así de sencilla, por eso necesitas más células y más notas.

Las notas con puntillo, son muy comunes en la música y esta nota de 1 tiempo, con puntillo de 1/2 tiempo es una de las más comunes.

Vale 1 tiempo y medio

De esta nota se derivan más porque se necesita llenar el compás de 4 tiempos y si ponemos 1 1/2 + 1 1/2 son 3 tiempos; entonces falta 1 tiempo completo.

Célula 11

Con esta otra célula tenemos la primera nota de 1 tiempo 1/2 (una nota negra con puntillo) y la segunda nota que vale sólo 1/2 tiempo, entonces ya tenemos 2 tiempos completos. Así, con solo 2 células como estas, ya se llena el compás de 4/4.

Célula 12

La misma *Célula 12*, se puede escribir de esta otra forma, con la ligadura. Recuerda que la ligadura une el valor de las notas, por eso la primera nota de un tiempo esta ligada a la primera nota de 1/2 tiempo (o de una corchea). Así se forma 1 tiempo 1/2 y después queda libre la segunda nota que es una corchea para completar 2 tiempos en total.

Célula 13

Otra forma de usar esta célula de 2 tiempos es añadiendo un silencio de corchea. En lugar de usar dos corcheas juntas como en la *Célula 13*, se le pone un silencio en la primera corchea, a este tipo de ritmo se le llama sincopado, lo vamos a estudiar más adelante en este libro.

Célula 14

Por último tenemos esta célula que vale 1 tiempo. Es parecida a la *Célula 2*, pero el silencio esta antes que la nota, esto es síncopa, y lo vamos a ver mas adelante. Te advierto que la síncopa tiene su chiste, algunas personas lo pueden tocar de manera fácil y natural; a otros les cuesta un poco de trabajo y a otros simplemente les cuesta mucho trabajo tocarla. Si estudias podrás tocar y leer tan bien como cualquier otra persona en el mundo.

Célula 15

En este ejercicio de solfeo vas a encontrar cada una de las células que conoces hasta ahora, excepto la 14 y la 15, que son de síncopa. Estúdialo muy bien.

28 SOLFEO 28

En este ejercicio de solfeo hay algunos compases con la *Célula 14* y algunos con la *Célula 15*. Repasa bien la síncopa y espero que lo puedas entender rápidamente.

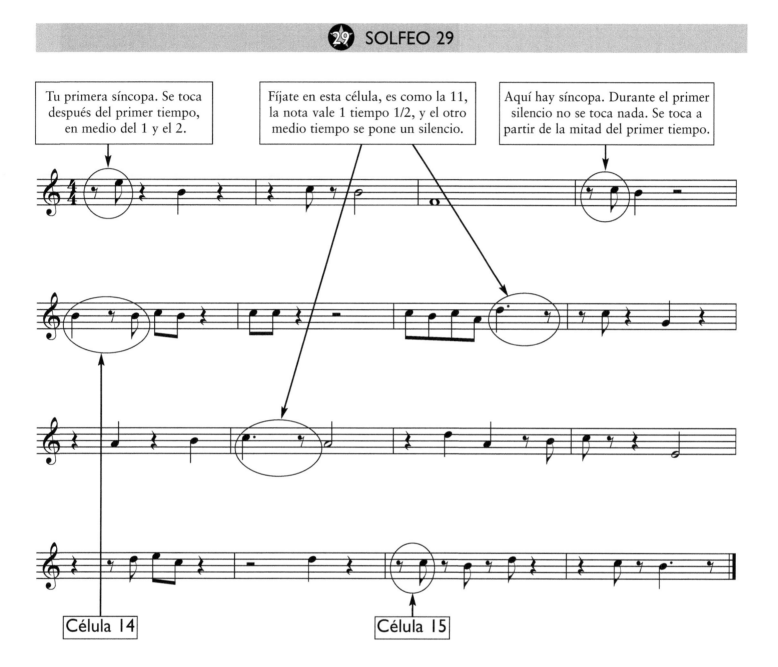

En el ejercicio de solfeo anterior estaban mezcladas varias células, ¿verdad? Quizá te resultara muy latoso, difícil, aburrido o algo así. Pero ya lo pasaste.

Bueno, afortunadamente la música es todo lo contrario. La música es divertida, bonita y muy fácil y lógica de tocar. En este ejercicio de solfeo vas a ver algunas de las células y notas que conoces. Observa que con poco, es más que suficiente para tocar melodías y canciones porque las notas son en realidad pocas; lo que forma las melodías es la combinación de las notas y el tiempo. Entonces, disfruta de tu capacidad para leer música y toca este ejercicio de solfeo, a ver si sabes que canción es.

¿Ves que bonita es la música?. Me alegra que a ti también te guste.

Ahora vamos a continuar estudiando solfeo. Seguro que para estas alturas del libro ya sabrás perfectamente para que sirve el solfeo y también lo importante que es.

Vamos a ver algunas notas nuevas y unas pocas células más. En realidad las células son más que nada, combinaciones de las células que ya conoces. Presta mucha atención porque de aquí en adelante la cosa se pone buena.

¿Qué nota es?

Esta nota es FA   Esta nota es FA   Esta nota es SOL

La diferencia es que una está arriba y la otra abajo. Una esta en la quinta línea y la otra esta en el primer espacio.

Estas notas son más agudas, están en la parte de arriba del pentagrama. Las verás en los siguientes ejercicios de solfeo.

Recuerda que no siempre hay que usar *todas las notas* en una canción. Se usan simplemente las notas necesarias para crear la melodía. Asegúrate de reconocer y aprender las notas, para que cuando las necesites sepas cuáles son y dónde tocarlas en tu instrumento.

REPASO

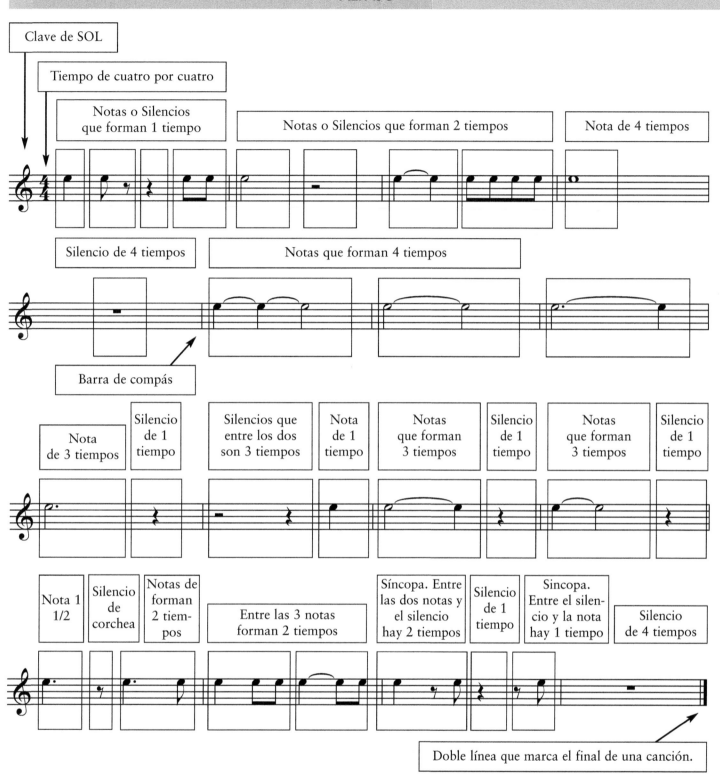

Clave de SOL

Tiempo de cuatro por cuatro

Notas o Silencios que forman 1 tiempo

Notas o Silencios que forman 2 tiempos

Nota de 4 tiempos

Silencio de 4 tiempos

Notas que forman 4 tiempos

Barra de compás

Nota de 3 tiempos

Silencio de 1 tiempo

Silencios que entre los dos son 3 tiempos

Nota de 1 tiempo

Notas que forman 3 tiempos

Silencio de 1 tiempo

Notas que forman 3 tiempos

Silencio de 1 tiempo

Nota 1 1/2

Silencio de corchea

Notas de forman 2 tiempos

Entre las 3 notas forman 2 tiempos

Síncopa. Entre las dos notas y el silencio hay 2 tiempos

Silencio de 1 tiempo

Sincopa. Entre el silencio y la nota hay 1 tiempo

Silencio de 4 tiempos

Doble línea que marca el final de una canción.

Espero que con este repaso estés listo para el tercer capítulo y para aprender más música. Trata de escribir en un cuaderno pautado algunas notas de vez en cuando, para que vayas agarrando práctica en escribir música.

¡Felicidades por llegar hasta este nivel!

CAPITULO 3

¿QUÉ NOTA ES?

Más bien, ¿qué notas son? Como ya casi estamos al final de este libro, vamos a mostrar juntas la mayoría de notas que necesitas para leer lo más básico de la música. Apréndete estas notas de la parte alta del pentagrama. Estoy seguro que si estudias, las vas a aprender con la misma facilidad que aprendiste la demás. Son sólo 5 notas y son muy fáciles.

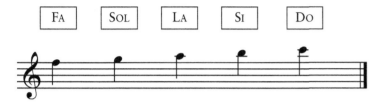

Con estas 5 notas adicionales y las que ya te sabes, podrás leer mucha música. Aquí tienes un ejemplo de una melodía para que la leas. Fíjate como es muy fácil.

SOLFEO 31

¡Eso es todo! Mira qué fácil te resulta leer música. Sigue así y trata de leer mucha música. Trata de leer música al igual que lees música. Mira todos los libros de música que puedas para leer los pentagramas. *¡Felicidades!*

ARMADURA

Las *armaduras* se utilizan para poner alteraciones a las notas, como por ejemplo *sostenidos* (♯) y *bemoles* (♭). En lugar de ponerle a cada nota su bemol o sostenido, lo cual haría la lectura muy latosa de leer, se le pone al principio del pentagrama, después de la clave. De esa forma se sabe qué notas son bemoles o sostenidos. En el ejercicio de solfeo que sigue vas a encontrar *la armadura de FA*, o sea que tiene un bemol, el SI bemol, y eso quiere decir que *todos* los SI, son bemoles. Por lo tanto cuando veas un SI, es bemol.

¿Qué nota es?

Esta nota es Sı♭, y cantado se le dice Sᴇ (Sı♭ = Sᴇ)

La armadura de Fᴀ tiene un bemol al principio, todos los Sı son bemoles.

Armadura de Fᴀ

🟦32 SOLFEO 32

Practica bien y apréndete esta armadura. existen más armaduras que conocerás más adelante.

Acuérdate de la armadura de FA. Todos las notas de SI, se deben de tocar SI♭ (SI bemol), y cantar SE

Este ritmo tiene síncopa. Ten cuidado. Este tipo de ritmo se usa mucho en la música. Escucha el CD y practícalo. Al principio parece que no está bien tocado a tiempo, pero así es como debe de ser. Practícalo mucho.

Esta nota (FA) sí se toca, pero dura 1 tiempo y se alarga al siguiente compás.

Esta nota también es FA, pero no se toca, porque viene ligada de la nota anterior.

Esta nota (SOL) sí se toca, pero se alarga a la nota que sigue, así que dura 1 tiempo y medio. Medio tiempo del primer SOL y 1 tiempo del siguiente SOL.

Esta nota no se toca, pero sí se debe de oír el sonido, o sea el sonido viene largo desde antes.

Te recomiendo que si no puedes hacer este tipo de música, fácilmente, hagas un repaso de todo el libro desde el principio. De lo contrario, puedes tener problemas más adelante. Lo importante en la música es entenderla bien desde el principio. Si aún tienes dudas pregúntale a alguien que sepa un poco más que tú o a algún maestro que conozcas.

🎵34 SOLFEO 34

Escucha el CD y te vas a dar cuenta como va. Los signos de repetición se usan para evitar tener que volver a escribir la misma música otra vez. Son muy comunes y los vas a usar mucho.

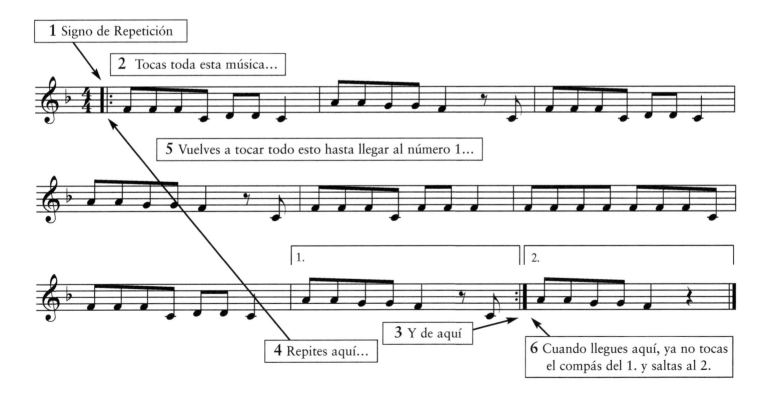

REPASO

Vamos a repasar todas las células que conocemos hasta ahora.

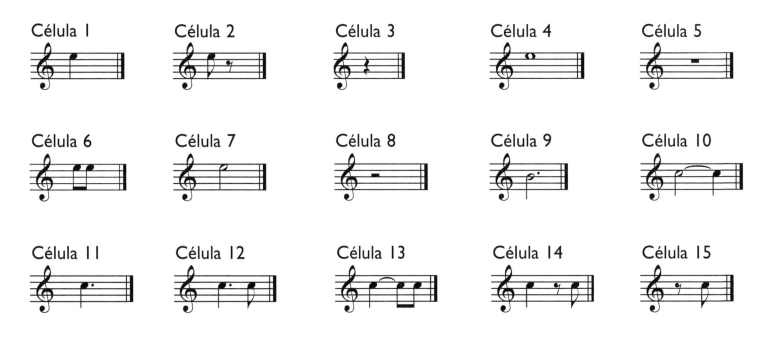

Célula 1 Célula 2 Célula 3 Célula 4 Célula 5

Célula 6 Célula 7 Célula 8 Célula 9 Célula 10

Célula 11 Célula 12 Célula 13 Célula 14 Célula 15

35 SOLFEO 35

Recuerda que debes practicar cada ejercicio de solfeo individualmente uno por uno hasta que te salga bien. De no hacerlo así cada vez se te va a complicar más. No olvides que cuanto más entiendas los ejercicios de solfeo, más fácil se te va a hacer.

🌑36 SOLFEO 36

¿Qué nota es?

Esta nota es FA♯, y cantado se le dice FI (Fa♯ = FI).

De aquí ‖: Regresa a aquí :‖

🌑37 SOLFEO 37

Armadura de SOL
Tiene un FA♯

Segno 𝄋
Este símbolo se usa para indicar el lugar de la repetición.
La música se repite desde donde estén las dos rayitas con los dos puntitos, hasta este símbolo, que se llama segno (se pronuncia "seño"). Desde ahí la música continúa hasta donde se indique. Escucha el CD y sigue la música para que entiendas.

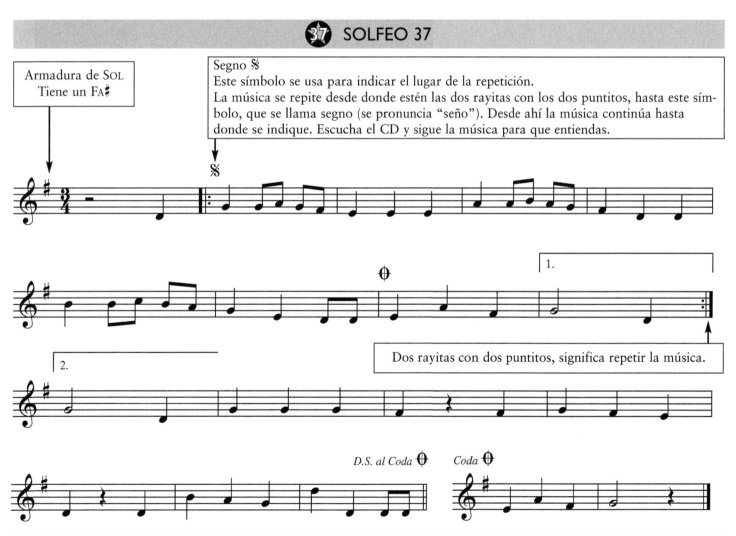

Dos rayitas con dos puntitos, significa repetir la música.

D.S. al Coda ⊕   Coda ⊕

Coda ⊕
Este otro símbolo se llama Coda y es también para repetir. Son como señales de tráfico, que dicen
«Repite de aquí hasta aquí». Es una manera de no tener que escribir tantas notas.

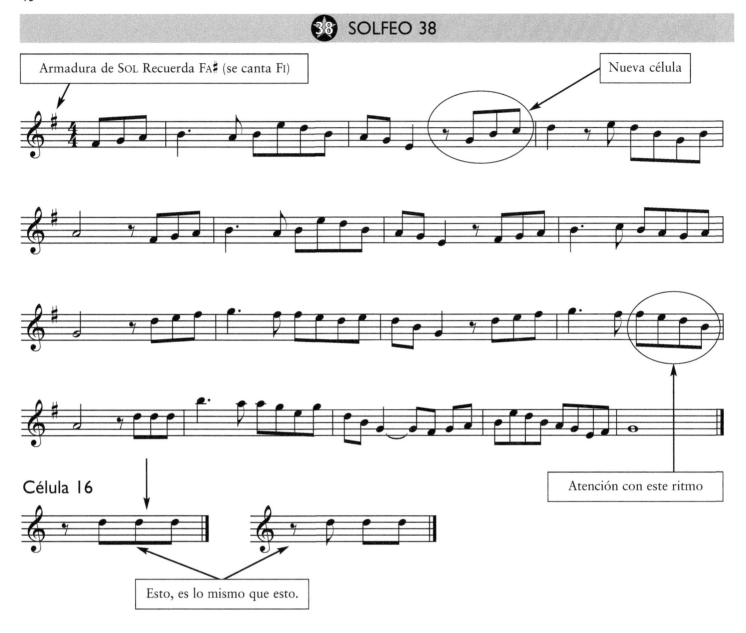

Armadura de SOL Recuerda FA♯ (se canta FI)

Nueva célula

Célula 16

Atención con este ritmo

Esto, es lo mismo que esto.

Lo que el FA♯ de la armadura de SOL significa, es que en vez de estarle poniendo el ♯ a todas las notas de FA, una por una, se pone al principio de la partitura y así te están avisando que *todos*, los FA son sostenidos. Eso quiere decir todos, no importa si está en la quinta línea, en el primer espacio o donde sea. Si es FA, es sostenido.

Este ejercicio de solfeo pequeño es el mismo, pero te señalo los FA♯. El solfeo anterior también tenia FA♯, ¿te acuerdas?

¡Enhorabuena!

¡Sigue adelante! Si has logrado llegar hasta este ejercicio de solfeo, es que de verdad te gusta la música y quieres aprender como escribirla y como leerla. ¿Verdad que sí que es fácil leer música? Claro que sí, sólo hace falta la práctica y eso es todo.

Este ejercicio de solfeo ya no es tan latoso, porque en realidad ya sabes bastante. Observa que cada vez los ejercicios son más bonitos. Seguro que te alegras de poder leer música. Recuerda, trata de leer música con la misma facilidad que lees letras. ¡Felicidades una vez más y a darle duro a este bonito ejercicio de solfeo.

39 SOLFEO 39

REPASO DE NOTAS

| DO | RE | MI | FA | FA♯ | SOL | LA | SI♭ | SI | DO | RE | MI | FA | SOL | LA | SI | DO |

Ya son bastantes las notas que te debes de saber. Recuerda, que una cosa es que te las sepas y otra es que las tengas bien memorizadas, para que en cuanto la veas, sepas que nota es, sin necesidad de estar pensando en su nombre.

Espero que hayas tocado en tu instrumento favorito todos los ejercicios de solfeo.

¿Qué nota es?

SOL♯   SOL♯   SI   LA

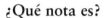 **SOLFEO 40**

Sigue adelante que ya te falta poco para terminar el libro.

CAPITULO 4

41 SOLFEO 41

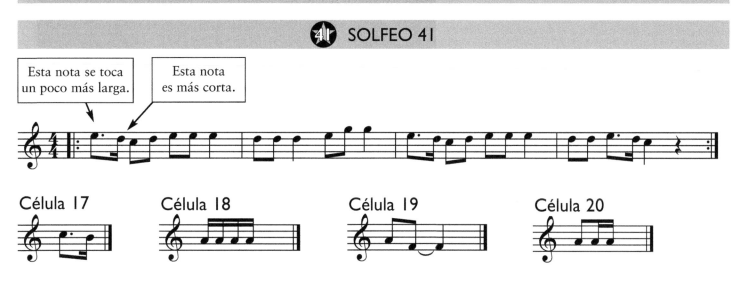

Esta nota se toca un poco más larga.

Esta nota es más corta.

Célula 17   Célula 18   Célula 19   Célula 20

En esta célula, la nota que tiene el puntillo es un poco más larga que la nota que no tiene el puntillo. Se siente como un salto, como si la música saltara un poco, pero es la forma correcta de hacerlo. Imagínate que pones 4 notas con valor de 25 centavos cada una. Pues la nota del puntillo vale 75 centavos y la de doble rayita vale sólo 25 centavos. Por eso es más corta.

42 SOLFEO 42

Este ritmo vale igual que la célula 19

VOLUMEN

La música también tiene volumen. El volumen **p** es volumen bajito, que apenas se oye. La **f** es fuerte y la **ff** es MÁS fuerte. Si ves estos $<$ $>$ es que va subiendo o bajando de volumen.

45 SOLFEO 45

Este ejercicio de solfeo es un buen ejemplo de lo que es una variación en la música. El ejercicio de solfeo anterior y éste se parecen mucho, pero este tiene algunas variaciones en las notas y en el ritmo. Si lo tocas o lo lees, se oye casi igual pero algo diferente. En la música se acostumbra mucho hacer variaciones con la música. Practica este ejercicio de solfeo y compáralo con el anterior y te vas a dar cuenta de lo que te digo.

Cuando veas que las notas, tienen un puntillo arriba, significa que las vas a tocar cortitas. En la música se le llama *staccato*, que quiere decir cortado, o sea el valor es mas corto, como la mitad de su valor normal. Escucha el CD y compáralas, con las que no tienen puntillo y te darás cuenta de la diferencia.

CAPITULO 5

Ligadura de Fraseo

Esta ligadura es para darle un énfasis a la música. Es igual que cuando hablas, nunca hablas de corrido. Cada vez que hablas, vas haciendo pausas para decir las frases en forma entendible y fácil. La ligadura de fraseo funciona más o menos igual en la música.

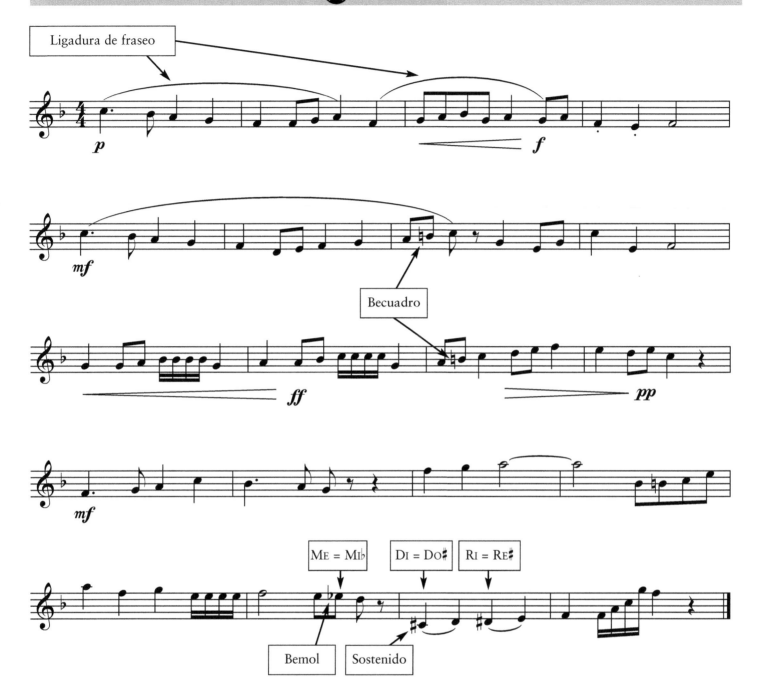

El *sostenido* (sharp), sube medio tono el sonido de la nota, por ejemplo si la nota es DO, entonces la misma nota DO con sostenido sería DO#, o sea DO sostenido.

♭ El *bemol* (flat), baja medio tono el sonido de la nota, por ejemplo si la nota es MI, entonces la misma nota MI con bemol sería MIb, o sea MI bemol.

♮ El *becuadro* (natural), anula el sostenido o el bemol. Cuando una nota es bemol, pero no quieres que sea bemol, entonces se le pone el becuadro. O sea, el becuadro anula cualquier alteración.

LAS POSIBILIDADES DE LAS

LAS SEMICORCHEAS

Son 4 notitas juntas, unidas por dos barritas. En un compás de 4/4 hay 16 notas de éstas, por eso cada una es 1/16 (un diesciseisavo o semicorchea). Se pueden hacer un montón de células diferentes con todas las posibilidades que existen. A continuación, muestro varias de ellas. Observa que hay algunas más usadas que otras. Las más usadas están en los siguientes ejercicios de solfeo. La música tiene un montón de posibilidades, por eso es *infinita*. Esto es solamente una muestra para que veas que hay mucho más. Por ahora estudia los siguientes ejercicios de solfeo y analiza las células que se hacen con las semicorcheas (16avos).

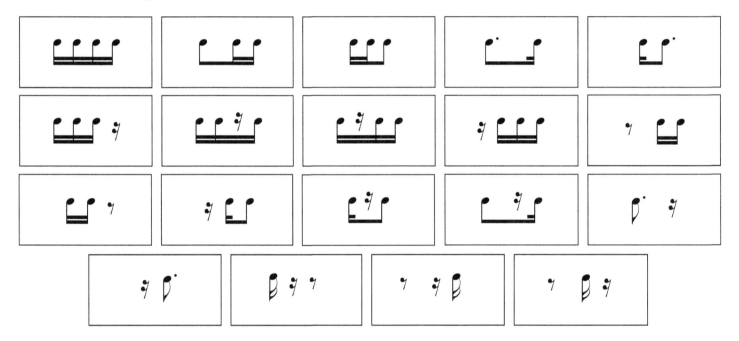

Aún hay más. No creas que es tan difícil, una vez que le entiendes es muy facilito. Por lo pronto trata de recordar todas y cada una de las células que aprendiste en este libro, y las combinaciones posibles. Recuerda que hay muchas variaciones; quizá puedes inventarte una. Como ves la música te da la libertad de crear y componer tú mismo. ¡Enhorabuena por llegar hasta este nivel y ojalá que sigas adelante!

48 SOLFEO 48

SOLFEO 49

EXAMEN FINAL

Fíjate como empieza bien fácil, y poco a poco hay más ritmo. Si lo puedes hacer bien, quiere decir que de verdad aprendiste bien este libro. ¡Felicidades!

SOLFEO 50

Al principio del libro te dije que ibas a poder leer y entender esta música, ¿verdad que ya la entiendes bien? ¡Enhorabuena una vez más y sigue estudiando!

51 SOLFEO 51

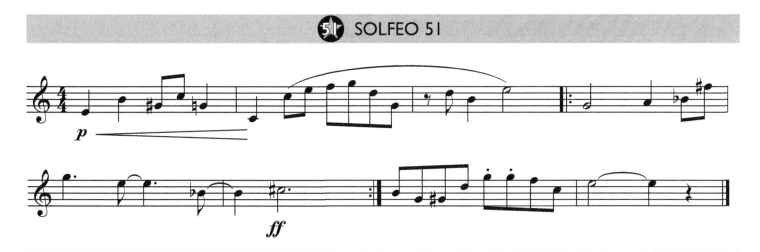

PALABRAS FINALES

Como dijimos al principio del libro. Vas a aprender a leer y a escribir música. Ojalá y hayas practicado uno por uno cada ejercicio de solfeo y lo hayas escrito también. Si acaso no lo escribiste, ahora lo puedes hacer. A continuación están tres ejercicios de solfeo; el 4, el 20 y el 30. Escucha el CD y *sin ver* el ejercicio de solfeo, trata de escribirlo como es. *No hagas trampa*, porque te haces trampa a ti mismo. Te ayudo poniendo el pentagrama con los compases que lleva cada ejercicio de solfeo. Si puedes es muy recomendable comprar un cuaderno pautado para que trates de escribir *todos* los ejercicios de solfeo. El cuaderno pautado es un cuaderno con el pentagrama ya escrito. En la pagina que sigue te pongo unas páginas de cuaderno pautado con la clave de SOL, para que escribas lo que se te ocurra y puedas practicar un poco de escritura.

Muchas felicidades por terminar el libro de *Primer nivel: Aprende solfeo fácilmente*, y ojalá continúes tus estudios de música.

Escucha en el CD el solfeo 4.

Solfeo Escrito 4

Este es el solfeo 20. Trata de escribirlos igualitos y compararlos después...

Solfeo Escrito 20

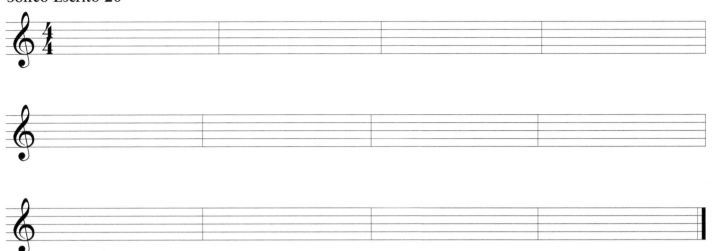

Este es el solfeo 30. Sólo te pongo tres, pero espero quete sirva de muestra para que los hagas todos.

Solfeo Escrito 30

Así se ve la página de un cuaderno pautado, pero sin la clave de SOL, yo se la puse para que no te cueste trabajo dibujarla. Ahora si ya tienes en donde escribir música, por si quieres comenzar a escribir el principio de una carrera llena de muchas composiciones, *felicidades* y sigue adelante.

Hasta pronto.

Tu amigo
Victor M. Barba

Esta es la clave de SOL, y se usa para distinguir las notas en el pentagrama.

El palito, o plica, de las notas puede estar para arriba o para abajo. Lo que importa es la bolita de cada nota, y en donde está puesta en el pentagrama, y si está rellena o no. En este caso vale 1 tiempo cada nota.

Esta es la ligadura de fraseo y se usa para separar las frases musicales.

Signo de repetición 𝄋 que en italiano se le llama segno y se pone normalmente D.S. que quiere decir Dal Segno y cuando veas D.S. buscas el símbolo de repetición y tocas de ahí en adelante.

Es la clave del compás, siempre se pone al principio de la música después de la clave de SOL, puede ser de 4/4 o de 3/4 o de 2/4, que son las más comunes, pero hay más.

El sostenido, o alteración musical, se pone antes de la nota para avisar con tiempo si la nota es ♯, o ♭, y dura solamente un compás, al terminar el compás se anula el valor de la alteración musical.

Doble barra con puntos, se usa para repetir un pedazo de música.

Este es un bemol y baja el sonido de la nota 1/2 tono.

Este es un becuadro y anula el sostenido anterior, quiere decir que esta nota es SOL natural.

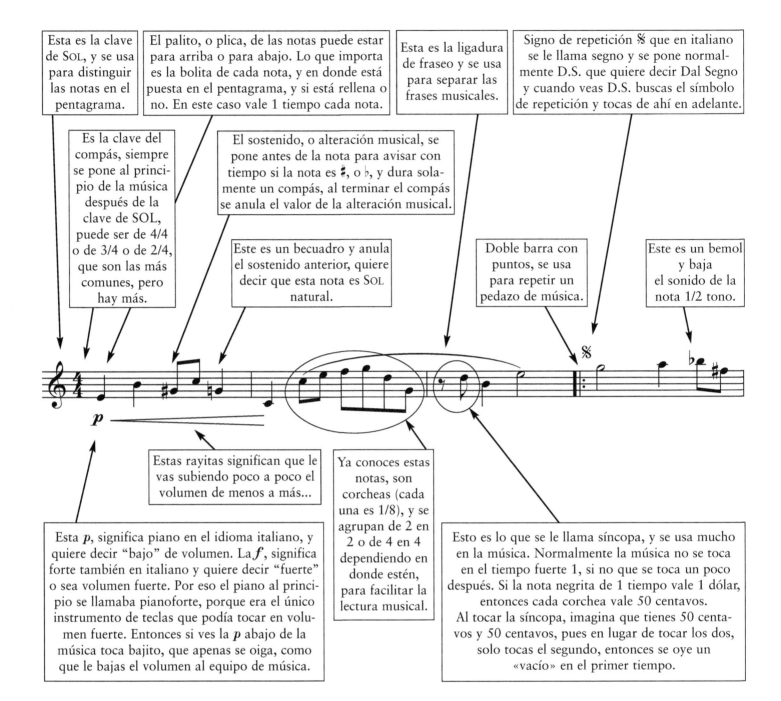

Estas rayitas significan que le vas subiendo poco a poco el volumen de menos a más...

Ya conoces estas notas, son corcheas (cada una es 1/8), y se agrupan de 2 en 2 o de 4 en 4 dependiendo en donde estén, para facilitar la lectura musical.

Esta *p*, significa piano en el idioma italiano, y quiere decir "bajo" de volumen. La *f*, significa forte también en italiano y quiere decir "fuerte" o sea volumen fuerte. Por eso el piano al principio se llamaba pianoforte, porque era el único instrumento de teclas que podía tocar en volumen fuerte. Entonces si ves la *p* abajo de la música toca bajito, que apenas se oiga, como que le bajas el volumen al equipo de música.

Esto es lo que se le llama síncopa, y se usa mucho en la música. Normalmente la música no se toca en el tiempo fuerte 1, si no que se toca un poco después. Si la nota negrita de 1 tiempo vale 1 dólar, entonces cada corchea vale 50 centavos.
Al tocar la síncopa, imagina que tienes 50 centavos y 50 centavos, pues en lugar de tocar los dos, solo tocas el segundo, entonces se oye un «vacío» en el primer tiempo.

El puntillo ya sabes que vale la mitad del valor de la nota, si la nota vale 1 dólar, con puntillo vale 1,50. Si la nota vale 50¢ entonces con puntillo vale 75¢.

Esta es la otra parte de las barras de repetición, unas son con los puntos a la derecha y la otra con los puntos a la izquierda. La repetición es de los puntos a la izquierda, a los puntos a la derecha.

Estos puntos se usan para tocar la nota más corta que su valor original. Si la nota valiera 25 centavos, entonces se toca como si valiera 11, 12 o 13 centavos, más o menos, no es un valor concreto, es un valor aproximado. Se toca como golpeando el instrumento. En la música se llama *staccato* también del italiano.

La doble barra se usa al final de cada pieza musical o al final de la canción, fíjate que no tiene puntos.

ff

Esta ligadura es diferente a la de fraseo. Esta ligadura alarga el valor de la nota y se distingue porque une a dos o más notas iguales.

El *ff* es fortisimo, y se toca muy fuerte de volumen.

Barra de Compás sirve para separar los compases. Si la música está escrita en un compás de 4/4 separa los compases, cada 4 notas de 1 tiempo, o cada 8 notas de 1/8 o cada 2 notas de 1/2 tiempo.

El silencio en la música es una parte muy importante. Éste es un silencio de 1 tiempo, o silencio de negra.

Primer Nivel: Aprende solfeo fácilmente
por Víctor M. Barba

Gracias a Mi familia por ayudarme y apoyarme en la realización de este libro. Gracias también a Betty, mi esposa y a mis dos hijos, Carlos y Cindy.

Nota biográfica del autor

Víctor M. Barba estudió música en el Conservatorio Nacional de Música de México D.F. Cuenta en su poder con varios premios entre los que se encuentran dos premios Nacionales de Composición. Es así mismo autor de un concierto para piano y unas variaciones sinfónicas. Su música ha sido interpretada por la Orquesta Sinfónica del Estado de México, bajo la dirección del Maestro Eduardo Díazmuñoz G. Desde muy joven impartió clases de música en diferentes escuelas y a nivel privado, pero no fue hasta 1996 que fundara la escuela Easy Music School. Su sistema de aprendizaje *Música Fácil* © ha ayudado a miles de personas aprender música de una manera práctica y profesional. Como productor de discos y arreglista trabajó junto a Cornelio Reyna y recientemente compuso la banda sonora de la película *Sueños amargos* protagonizada por Rozenda Bernal y Alejandro Alcondez. Víctor M. Barba se destaca también como autor y ha publicado varios métodos para tocar instrumentos musicales tan variados como: teclado, acordeón, batería, solfeo e incluso canto. En la actualidad se concentra en la escritura de libros para trompeta, violín y armonía. Es miembro de BMI y sus canciones han sido interpretadas por artistas de renombre internacional.

LISTA INDIVIDUAL DE TEMAS MUSICALES

Capítulo 1
1. Solfeo 1, La nota MI
2. Solfeo 2
3. Solfeo 3
4. Solfeo 4
5. Solfeo 5
6. Solfeo 6
7. Solfeo 7
8. Solfeo 8
9. Solfeo 9, La nota RE
10. Solfeo 10
11. Solfeo 11
12. Solfeo 12, La nota DO
13. Solfeo 13
14. Solfeo 14, La nota SI
15. Solfeo 15
16. Solfeo 16, La nota LA
17. Solfeo 17
18. Solfeo 18, La nota SOL
19. Solfeo 19 Examen A
20. Solfeo 20 Examen B

Capítulo 2
21. Solfeo 21
22. Solfeo 22
23. Solfeo 23, La nota FA
24. Solfeo 24
25. Solfeo 25, Otro MI
26. Solfeo 26, Otro RE
27. Solfeo 27, DO Central
28. Solfeo 28
29. Solfeo 29
30. Solfeo 30

Capítulo 3
31. Solfeo 31, Noyas altas
32. Solfeo 32, La nota SIf
33. Solfeo 33
34. Solfeo 34
35. Solfeo 35
36. Solfeo 36
37. Solfeo 37, La nota FAs
38. Solfeo 38
39. Solfeo 39
40. Solfeo 40, Las notas SOL, SI, y LA

Capítulo 4
41. Solfeo 41
42. Solfeo 42
43. Solfeo 43
44. Solfeo 44
45. Solfeo 45
46. Solfeo 46

Capítulo 5
47. Solfeo 47
48. Solfeo 48
49. Solfeo 49
50. Solfeo 50
51. Solfeo 51